W9-AMP-073

Animales de las
planicies

de **Sharon Gordon**

Asesora de lectura: Nanci R. Vargus, Dra. en Ed.

Marshall Cavendish
Benchmark
Nueva York

Palabras ilustradas

 animales

 avestruz

 cebras

 cerdo hormiguero

 elefante

guepardo

 jirafa

 león

 trompa

Los de las planicies africanas son activos.

El cava con sus garras.

El salta con sus patas fuertes.

La come con su larga lengua.

El rocía agua

con su .

Las beben
agua con el resto
de su manada.

El juega con su cachorro.

El corre con sus patas largas.

¡Qué activos son
los !

Palabras para aprender

activo que trabaja

manada grupo de animales que se
mueven juntos

planicie terreno plano y abierto

rociar lanzar pequeñas gotas de agua
al aire

Datos biográficos de la autora

Sharon Gordon es autora, editora y redactora publicitaria. Es egresada de la Universidad Estatal de Montclair en Nueva Jersey y ha escrito más de cien libros para niños, varios para Marshall Cavendish, entre los que se incluyen trabajos de ficción, no ficción e historia cultural. Junto con su familia, disfruta explorar la fauna y la flora de Outer Banks, Carolina del Norte.

Datos biográficos de la asesora de lectura

Nanci R. Nanci R. Vargus, Dra. en Ed., quiere que todos los niños disfruten con la lectura. Ella solía enseñar el primer grado. Ahora trabaja en la Universidad de Indianápolis. Nanci ayuda a los jóvenes para que sean maestros. Explorará muchos animales de las planicies en sus próximas vacaciones en un safari por África.

Marshall Cavendish Benchmark
99 White Plains Road
Tarrytown, NY 10591
www.marshallcavendish.us

Library of Congress Cataloging-in-Publication Data
Gordon, Sharon.
[Plains animals. Spanish]
Animales de las planicies / por Sharon Gordon.
p. cm. – (Rebus. Animales salvajes)
Includes index.
ISBN 978-0-7614-3430-6 (Spanish edition) – ISBN 978-0-7614-2902-9 (English edition)
1. Plains animals–Juvenile literature. I. Title.
QL115.G6718 2009
591.74–dc22
2008018210

Editor: Christine Florie
Publisher: Michelle Bisson
Art Director: Anahid Hamparian
Series Designer: Virginia Pope

Traducción y composición gráfica en español de Victory Productions, Inc.
www.victoryprd.com

Photo research by Connie Gardner

Rebus images, with the exception of aardvark, provided courtesy of *Dorling Kindersley*.

Cover photo by Polka Dot Images/SuperStock

The photographs in this book are used with permission and through the courtesy of:
Animals, Animals, p. 2 (aardvark); *Minden Pictures:* p. 5 Martin Harvey/Foto Natura; p. 11 Anup Shah/npl;
pp. 15, 21 Frans Lanting; p. 17 Suzi Eszterhas; *SuperStock:* p. 7 age footstock; *Art Life Images:* p. 9 age footstock;
Getty Images: p. 13 Heinrich Van den Berg; *Peter Arnold:* p. 19 Bios photo/Denis-Huot Michel and Christine.

Impreso en Malasia
1 3 5 6 4 2